Las bases de tu desarrollo personal

Las bases
de tu desarrollo personal

Mónica
Deiterman

Las bases de tu desarrollo personal

Agradecimientos

Agradezco a Dios que me guía y por la fe que siento porque creo en los milagros diarios, mis hijos que son mi tesoro y que amo profundamente, están en mi corazón y son mi razón de alcanzar mis metas:

Carlos, Mildred y Derek Iván Quintanilla Deiterman.

A mi amor, Walter Ricardo García Barthel que es mi esposo y que me ha acompañado en la mayoría de mis proyectos, sin dudar que pronto lograré lo que me proponga, siempre atento a apoyarme, gracias, Corazón.

A mi familia y amigos, algunas veces son mis ídolos, a los que admiro, me asesoran y recurro a sus consejos, en otras ocasiones son ellos mis fans, quienes me echan porras para continuar, que con su entusiasmo logran motivarme, pero siempre aprendo de todos y cada una de las personas con las que coincido en la vida, son mis maestros del camino.

Agradezco a todas las personas que tienen la bondad de exponer su vida en mi consejería, de mostrarme su identidad, de confiar en que juntos podemos caminar hacia mejores rutas, llegan como pacientes y muchos de ellos completan su desarrollo personal y me hacen sentir un gran orgullo, pacientes, amigos, familia, para mi todos son integrantes de mi vida y tienen un lugar especial en mi corazón.

Gracias a ti... que hoy compartes conmigo un momento..

Prólogo

Soy un aprendiz del diario vivir, una mujer de familia, de tradiciones, con heridas propias en mi historia, con una ideología libre, y también en busca de respuestas y con muchos sueños, deseos y metas por cumplir.

¿Por qué las bases para el desarrollo personal? Hay que empezar por armar el rompecabezas de uno mismo, y comparto un granito de arena desde mi experiencia.

El desarrollo personal es infinito en sus bases, propuestas y acciones, continuamente generas patrones de comportamiento, perfiles de personalidad, el cambio es constante y permanente, en el mundo y la vida; todo se mueve.

No se paraliza nada porque tú te detengas, aunque pienses que no estás haciendo nada, eso es hacer algo, sigues transformándote con o sin enfoque, con o sin guía, busca apropiarte de tus momentos y disfruta el camino con objetividad.

De mis propias heridas no pretendo decir que he sanado por completo, porque hasta la cicatriz sigue doliendo, pero son las que me recuerdan la realidad de la vida, que no todo es teoría, sino que también hay que experimentar aun con el dolor, mi historia como la tuya, tiene muchas alteraciones, que me van moldeando y motivando al aprendizaje y mi enfoque tiene que ser, mi bienestar.

El cambio es acción… y hoy lo puedes empezar a hacer.

Contenido

1. La vida y el vivir

Empezar es lo que resulta más difícil, vamos a dar el primer paso y reconocer que tenemos la oportunidad en nuestras manos de decidir, como queremos vivir.

El primer paso para amar la vida y aprovecharla esta en tomar la decisión de que hay que hacer cambios, enfrentarte a las consecuencias que esto traerá y también confrontarse con la realidad.

Hay diferentes etapas que se enfrentan en el diario vivir que traen consigo problemáticas que te pueden bloquear el desarrollo que estés teniendo en tu crecimiento personal.

Tengo que señalar que mucho del enfoque que tiene este libro es de preguntas, porque al hacerte estos cuestionamientos, realizas una introspección que te puede guiar a lograr soluciones basadas en tu propia realidad, etapa y circunstancias.

Hay muchas similitudes en los problemas de cada quien pero también hay diferentes reacciones y formas de satisfacer a lo que quieres tú para tu vida.

¿En qué etapa de tu vida estás? Basándote en la referencia de edades, puedes determinar la etapa de desarrollo acerca de la que harás reflexiones.

Hacer clasificaciones es un gran apoyo para conocer por fragmentos lo que sucede en nuestra vida, enfrentar mejor la realidad y lo que podríamos esperar en respuesta.

Referencia de etapas por edades:

0 a 7 años infancia, 8 a 12 años preadolescencia, 13 a 19 años adolescencia, 20 a 30 años adulto joven, 30 a 45 años adulto, 45 a 60 años adulto maduro, 61 a 70 años adulto mayor, 70 años en adelante anciano.

Estudios sobre la regeneración celular han demostrado que la mayoría de las células se renuevan, algunas mueren, se reemplazan, el lapso de vida celular varia, pero en promedio hay cambios en tu organismo cada 7 años aproximadamente.

Si haces una reflexión de los cambios en tu vida, notarás que cada etapa también hubo cambios en tu entorno. Habrá en tu vida cambios positivos que quieres atesorar o tal vez no quieres soltar y hay cambios negativos que no quisieras ni acordarte pero que son parte de tí.

Vivir es no rendirse, aunque se sienta tan difícil cuando hay dificultades.La vida tiene momentos difíciles en todas las etapas de nuestro desarrollo y cuando estás en una dificultad, seguramente lo verás como el peor de los casos, lo que queremos evitar es: sufrir, porque es a lo que muchos le tenemos mucho miedo, al sufrimiento, físico, mental o espíritual.

¡QUIERO ESTAR EN PAZ! Es el conflicto interno que replica de inmediato a la alarma de necesitar ayuda y la urgencia de solo tener paz.

Esta es la respuesta común que angustiosamente establecen algunos de mis pacientes.

¿Y qué significa esto realmente? La mayoría solo quiere una solución, ¡YA! Inmediata. Hay dos opciones, escaparse del problema o enfrentarlo. La primera opción puede ser lo más rápido a corto plazo, y la segunda opción es el camino difícil pero el más confiable de obtener resultados a largo plazo.

Enfrenta los problemas y tendrás un avance en tu vida, solucionar da alivio, escaparse momentáneamente solo acumula más problemas y los agranda.

Si tomas el camino de enfrentar la problemática, entonces hay que empezar por hacer el análisis que viene con muchas dudas, interrogatorios y comúnmente en esa faceta salta la interrogante existencial: ¿qué propósito tengo en esta vida?, entre más difícil es la situación que atraviesas más añoras solo estar en paz y ser feliz.

Esa respuesta de querer paz es en definitiva la necesidad de aplacar ese torbellino de emociones que te angustian y no te sueltan hasta el punto de tener la dificultad de respirar normalmente.

En mi práctica como psicóloga y mi experiencia de vida te puedo decir que ese momento de angustia, problemática o frustración, es fundamental en tu vida para tomar un mejor rumbo.

Estas teniendo una alerta, tú tienes necesidad de un cambio interno, provocado por una situación externa o porque tu propio tiempo ha llegado para una transformación, ***¡te felicito!***

Este es el mejor momento para encontrar en esta etapa de dudas y conflictos, el factor que necesitas para motivar lo positivo en tu vida, como comúnmente la gente te dirá, “todo pasa por algo”.

Algunos de mis pacientes me han dicho que odian escuchar esta frase porque se las han dicho demasiado y no le encuentran sentido, me dicen: ¿que puede tener de bueno estar pasando por un momento de dolor, angustia, desesperación, frustración, tristeza o simplemente estancamiento?

Y hoy te aseguro que enfrentarte a tus temores, angustias o dolor, fortaleces tu vida, al final de la experiencia lo podrás constatar, porque tocar fondo en muchos de los casos, nos exige a reprogramarnos, para salir adelante, hay que comprometerse con decisiones que exigen cambios.

La manera de cómo vivimos es una decisión, se torna en el significado que tú le quieras dar a tu existir, elegimos todos los días lo que es importante y como lo queremos acomodar en nuestros días, consciente o inconscientemente.

Cuando alguien me dice, “es que a mí no me gusta vivir así”, lo felicito, porque ha empezado a reflexionar sobre lo que está mal en su panorama.

Para hacer un cambio con propósito, se busca hacia adentro, es la introspección, hay que hacer un recorrido interno, ¿Cuál es tu sueño?, ¿Qué es inalcanzable para ti?; A eso le llamamos propósito, meta, objetivo.

Este concepto del propósito lo vemos y escuchamos constantemente; pero ¿Qué es realmente encontrar nuestro propósito en la vida?, ¿Cómo vamos a lograr llegar a descubrir esa motivación que nos da la ilusión de haber encontrado un propósito?

En mi vida he realizado este análisis varias veces. En cada etapa de tu vida podrías llegar a tener esta inquietud y es muy eficiente reflexionar en las metas,

¿Qué es lo que más te apasiona de tu vida?

¿Cómo te sientes en este año?

Cuando inicias un proceso de introspección, las dudas serán una buena herramienta para obtener respuestas, nos dan dirección y proponen un buen tema a estudiar de nosotros mismos.

Hacer un buen examen de conciencia nos facilita las respuestas, un mejor plan para ejecutar y desafiar el siguiente proceso, sea cual sea que vayamos a enfrentar, un cambio de etapa, de edad, de trabajo, de salud, lo que venga.

Vivir, no es solo existir, puede ser una experiencia maravillosa, hay un sinfín de emociones que te llevan a descubrir tu propia esencia, la búsqueda de tu personalidad regularmente se une a querer encontrar lo que te hace feliz y puede resultar ser un trabajo de tiempo completo, que te puede dar buena cosecha.

Si trabajas en ti, podrás atesorar experiencias que se disfrutan, tendrás siempre un repertorio de buenas memorias en las cuales podrás apoyarte para regocijarte en tus pensamientos del presente, recordando tu pasado. ¿Qué significa esto? Que es muy importante estar consciente de lo que haces en el presente teniendo en cuenta que esas serán tus memorias.

El primer paso que di para mejorar en mi vida, fue poner prioridades, entender que es lo importante, separar lo primordial y lo que se puede esperar, tal vez hay muchas cosas que queremos hacer, pero sin un plan ordenado es difícil empezar. He tenido algunos momentos de caos total que me han llevado a tener que pausar y empezar de nuevo.

Una prioridad general en las personas, es la salud, es una realidad, algo de los puntos esenciales, uno de los puntos importantes que tenemos que cuidar constantemente y atesorar porque sin la maquina funcionando no podemos arrancar para ningún lado.

Hacer una lista de estas prioridades nos enfoca a cuáles son los puntos vitales de nuestra vida. La familia es otra respuesta general que muchos dan, al hacer este planteamiento de lo que nos importa. Cuando en el ámbito familiar algo anda desequilibrado, es difícil transitar el día a día, sin tener esa preocupación constante.

Hacer una lista, aunque no sea el orden de importancia, nos puede ayudar a irle dando forma.

Empecemos: salud, trabajo, familia, amor, imagen, estudios, relaciones, amigos, etc.

Al hacer esta lista vamos entendiendo cuál es lo que es más importante al momento, y podríamos ir desglosando cada una de estas áreas.

Por ejemplo, la salud: sacar análisis de sangre por lo menos una vez al año, cita al médico, checar el peso, dentista, programar visitas de médicos como forma de rutina, es mejor prevenir, además podríamos ir checando hábitos de alimentación y cualquier asunto relacionado con la salud, física y mental.

La primer parte siempre resulta tediosa porque es desorganizada, es difícil enfocarse desde el principio en lo más importante, si escribes en este momento lo que más te preocupa actualmente y lo apuntas con las prioridades, tal vez resulte que no es por donde tengas que empezar.

Por ejemplo, imagina un árbol, si estás viendo sus hojas que tiene algún problema puede ser que no es algo del exterior sino que viene del fondo de la raíz, pero solo al ponerle realmente atención podrás lograr ayudarlo.

Igual hay que plantearse lo que sucede contigo mismo, primero sale lo actual, y de ahí ve indagando en tu propia historia si hay alguna necesidad de ver las raíces, para entender mejor la problemática y buscar soluciones, conócete mejor, para vivir mejor.

2. El amor propio...

La autoestima es un factor determinante para el desarrollo de las personas. Desde pequeños vamos aprendiendo a cuidar de nosotros mismos por lo que nos enseñan nuestros padres, así que la mayoría de las personas aprendemos por imitación.

Yo veía a mi mamá cuidar de los demás, preocuparse por cómo estaba la familia, si algún vecino ocupaba algo, le proporcionaba ayuda, entonces aprendí a ayudar, mencionaba que era importante ayudar, pero no entrometerse, entonces aprendí los límites.

Quiérete, amate, te dicen y lo escuchas, pero muchas veces cae en oídos sordos por la ignorancia de ese concepto, para lograr entender algo tan complejo, hay que encerrarse un poco más en uno mismo, encontrarse con la misma esencia, y recorrerse de pies a cabeza con la misma ternura, pasión y cariño como hacemos como con alguien de quien nos enamoramos.

Tener la autoestima baja no es fácil de admitir ni de reconocer. Haciendo conciencia de ese amor conmigo misma, reconocí que no le había dado importancia, engañándome de que todo estaba bien, y así se fue perdiendo ese amor por mí misma hasta que deje que se enfriara por completo, me sentía perdida y confundida, entonces tuve que detenerme a preguntarme:

¿dónde, cómo y porqué, estaba pasando esta pérdida de amor propio?

*E*ra hora de buscar apoyo y así lo hice, a veces podemos trabajar solos pero también hay que aceptar cuando hay que platicarlo con alguien profesional.

Hay muchas maneras de trabajar en uno mismo antes de pedir apoyo profesional, pero si te sientes capaz de comprometerte a entrar en un proceso de cambio integral, toma el valor y hazlo posible.

Es fabuloso invertir tu valioso tiempo y esfuerzo en lo que más debes amar, que es principalmente a ti mismo.

Para poder amar a los demás hay que empezar a conocer el amor y ese sentimiento nace desde adentro de ti.

Tuve una paciente que, al estar en consulta, hacia reflexión sobre la dificultad que tenía sobre el control de sus emociones y de sus impulsos y sabía que esto la llevaba a tener relaciones tóxicas como el apego desmedido que le causaba.

Me comento que había ido a terapia en varias ocasiones, con diferentes psicólogos y hasta que había tomado diplomados en desarrollo personal, pero le angustiaba que, aunque lo aceptaba, siempre le diagnostican que su problema era una autoestima muy bajo, más ella no encontraba cuál era su falla.

Lo primero que salto a la vista fue que comentara haber ido a varios psicólogos, y cuando le pregunte cuántas sesiones había tomado me dijo que solo iba una o dos veces, nunca había tomado una terapia en serio.

Desgraciadamente esto es bastante común, algunas personas toman la idea que ir a terapia es solo de una o dos sesiones y que, con eso, mágicamente quedaran sanos, cambiaran sus ideas o les proporcionara el terapeuta de una receta infalible, cuando en realidad es una decisión con compromiso personal.

Sin duda habrá algunos colegas psicólogos que solo dan diagnósticos, lo cual no falta a la ética, pero no recurren a la terapia, que proporciona las herramientas de facilitación para cambios de comportamientos, hábitos y pensamientos.

Damos lo que tenemos y recibimos mucho de lo que entregamos, aunque no lo creas, cuando tú dices, es que yo le he dado todo a esta relación y me ha respondido mal o no me ama como yo lo amo, ¿por qué nos pasa eso?

Cuando hice mi propia reflexión, encontré la respuesta de estar luchando en dar amor a la persona equivocada (tenía que amarme primero a mí misma) y además me estaba enfadando con la persona equivocada (quien se equivocó, fui yo, en esperar peras del manzano).

Nadie me engaño o hirió sin mi permiso, tuve que enfrentarme al problema. Aceptar que hay un problema, es el primer paso, entender que estas culpando a otros por tus errores, si estás diciendo en estos momentos es que él o ella me hizo esto, me hirió, me daño, me hizo sentir, esas son reacciones todas tuyas de acciones de otros hacia ti, pero la respuesta a esa acción es tu decisión.

Esperar que otra persona te llene de amor no es la manera de experimentar el entender que es el amor, hay que saborearlo primero con uno mismo.

¡Empieza contigo mismo! ¡Entrégate tu amor a ti! Porque hay que empezar con uno mismo, si no me amo, ¿cómo puedo amar? Si para mí misma, no me tengo paciencia, ternura, respeto, admiración y no me cuido lo suficiente, como podría darle a otra persona,

¿o cómo puedo exigir lo que no conozco y no doy para mí misma?

No puedo fomentar amor si no lo tengo, ni puedo contagiar a nadie de mi pasión si no la tengo.

Averigua primero: ¿Qué quieres?

El amor propio comienza por conocerse, para comprender los puntos de lo que realmente queremos y nos hace felices.

Así iras modificando lo que necesitas cambiar para disfrutar del amor, porque sin amor no se mueve nada.

3. El primer amor...

¿Y que es el amor? Cuando hablamos de autoestima entendemos que hay que amarse a sí mismo, pero cuando se plantea el término y concepto del amor siempre será la definición de lo que conocemos y de lo que hemos experimentado.

Así que hay que adentrarnos en nuestra memoria y hacer el recorrido del camino de lo vivido y de lo que nos ha hecho experimentar sentimientos de ese primer amor.

Cuando hice el ejercicio de reflexión, buscando en mis recuerdos para encontrar los mejores momentos de mi vida, en los que puedo sentir claramente el amor.

(Este ejercicio lo puedes hacer en un espacio tranquilo, a solas, tomarse el tiempo para relajarse).

Pasaron por mi mente varios momentos en mi historia, pero quería llegar al primer momento que goce en mi memoria, a esa sensación de paz, de confianza.

Para ayudarte podrías empezar por reconocer los valores que quieres para ti, que signifiquen amor.

Trata de soltar las relaciones de lo mas obvio que has vivido de amor, como tus parejas pasadas, no te ubiques en las personas sino en lo que tú has sentido y adéntrate en tu memoria, en los conceptos, valores e ilusiones que te hicieron bien, primero vemos la parte bonita porque también la creencia del amor tiene su lado negativo, que por eso nos lleva a tener experiencias de dolor.

En mi reflexión te comparto que me tomó mucho tiempo pero logré llegar a uno de mis momentos mas preciados de mi memoria.

Llegué a los brazos de mi madre, tenía aproximadamente 4 o 5 años… en aquellas noches de verano, cuando la esperaba a que llegara de trabajar para que me arrullara hasta dormir, me abrazaba en la silla mecedora que teníamos en el corredor de nuestra casa, era un frente elevado con un árbol enorme que caían las ramas dando una hermosa sombra durante el día y por la noche se colaban los destellos de la luna.

Mi madre trabajaba hasta que anochecía y yo la esperaba, no sabía de su cansancio, solo sabía que quería abrazarla y sentir su voz tenue, llena de cariño, que me cantaba mientras dormía, en su regazo, dormitaba y me llevaba en brazos a mi cama, tal vez esto solo fueron algunas ocasiones durante mi infancia, pero lo recuerdo con tanto amor y sobre todo ahora puedo palpar el esfuerzo de mi madre por consentirme unos momentos y hacerme sentir su gran amor.

Entonces entendí que el amor se siente seguro, el amor es estar con alguien a quien le confías tu corazón, la confianza es una parte esencial en las relaciones, y porque también tú deseas lo mejor para esa persona, y así surge lo más bello, que es reciproco.

El amor es libre y no te ata a un compromiso que no quieres tener, cuando amas se siente en tu ser algo maravillosamente placentero. Pero el amor empieza en uno mismo, cada persona podrá reconocer este sentimiento en diferentes etapas de la vida, descubre el amor, ¡¡amar, se siente maravilloso!!

Tenemos esos sensores en nuestro ser, sabemos si algo se siente mal, o si algo nos provoca una alerta, esos sensores son nuestras emociones. No siempre se sabe identificar las emociones y cuando no se sabe que significa cada emoción y menos el porque se ha provocado esa emoción, entonces se batalla más para encontrar la solución.

Por eso es importante hacer el ejercicio de practicar e identificar cómo nos sentimos, buscar la causa y planear la mejor solución a un crecimiento personal.

El lado negativo también hay que irlo descifrando y esto te lleva a lo que crees normal, lo que vives diariamente en tu entorno, se vuelve parte de tu cultura, de tu creencia, y hasta de tu forma de amar.

Cuando algo no se siente bien, es una alerta pero tendemos a preguntarnos si eso es lo normal y creemos que tal vez estamos exagerando en la reacción, de en lugar de preguntarte

¿qué es eso que sientes? y el ¿por qué algo no se siente bien?

Y hay que empezar con uno mismo, restablecer el amor propio, no se puede seguir con un mal funcionamiento interno, amándote poco y pidiendo que alguien más te ame.

Exige primero a la persona correcta, que eres tú, cuando aprendes que las mejores sensaciones tienen que venir de ti para ti, entonces tus exigencias cambian, no esperas que los demás hagan lo que te corresponde, tomas responsabilidad de ese amor. Pero hay que indagar porque creíste que eso era normal.

Practica escribir en un cuaderno que usarás como un diario, así te podrás dar unos minutos para descubrir tus emociones, podrás reconocer lo que te pasa día a día, dedicarte tiempo a ti mismo es lo más sano que podemos hacer, muchas veces le dedicamos tiempo a otras personas y te olvidas de estar contigo mismo.

Pregúntate de esta manera y contesta según lo que sientes, piensas y proponte soluciones positivas.

¿Cómo me siento?

Identificamos las emociones.

¿Por qué me siento así?

Identificamos la situación.

¿Cómo puedo cambiar esto a positivo?

Tomamos una decisión de favorecer nuestro bienestar.

4. Confrontar los errores

Hay fallas que no se pueden esconder, errores que no podemos dejar pasar.

Estoy hablando de uno mismo, por ahora no tocamos el tema de los errores de los otros, primero tenemos que enfrentarnos a los errores propios. Esas equivocaciones que nos pueden costar mucho desgaste en el camino.

Lo primero es aceptar la falta, sin tratar de justificarse. Ponle nombre, clasifica y dale un lugar a la urgencia, importancia o gravedad que tiene este asunto para que lo resuelvas.

Aislarse, reflexionar, buscar ayuda

Aprender a tomar silencio y distancia es una estrategia que uso como herramienta de terapia.

Cuando te canses de luchar contracorriente y de querer controlar lo que no te pertenece, si estás en pleito constante con otros, hay que comprender que cada persona piensa diferente, cada mente es un torbellino de ideas, conceptos, comportamientos y genes que aún cuando hay amor son diferentes personalidades.

El ser humano recibe estímulos constantemente y percibe la información de manera automática a su manera y forma de ser. Los conceptos de otros no pueden ser modificados con tan solo una opinión o en una discusión.

No es tarea fácil organizar las ideas, la información y mucho menos aceptar el orden de las prioridades cuando se tiene un enredo en la mente por el acoso de los pensamientos fatalistas que son las alertas exageradas que nos envía el cerebro cuando hay caos en nuestra vida.

La idea de aislarse un poco es para lograr una mejor reflexión, procurar unos minutos al día a solas, con el propósito y a conciencia de meditar.

¿Cuándo hay que buscar ayuda profesional?

Cuando tomes seriamente la decisión de compromiso personal, vas a sentirte mejor cuando tus dudas las vas resolviendo.

El aprendizaje y experiencia que puedes lograr al enfrentar tus errores y modificar actitudes son una gran evolución para tu vida.

Dar testimonio, compartir experiencias

Habrá algunas anécdotas, experiencias y caminos que no se pueden guardar porque el deber de ayudar nos manda a compartir.

Desde tu experiencia propia hay mucho que dar, tenemos la capacidad de motivar a otros a cambios existenciales positivos, cuando platicamos lo que nos pasa, soltamos mucho de nuestros pensamientos, emociones y miedos.

Hay que separar la experiencia de compartir con un profesional, psicólogo, que es una inversión de atención personalizada y exclusiva a diferencia de platicar con nuestros amigos, compañeros de trabajo y familia.

En tu entorno social donde puedes desahogarte y puedes lograr también una experiencia positiva al hacer vínculos afectivos pero hay que ser prudentes en no esperar una atención total, sino recíproca, ahí es cuando se comparten ideas, discuten resultados y tal vez aprendes y enseñas prácticas, con tus testimonios.

También al escucharnos podemos encontrar respuestas en nuestras propias platicas. Me sucede a menudo que estoy comentando algo y encuentro soluciones o recuerdo hechos que me ayudan a resolver algún problema que traía.

Dando testimonio también he llegado a mejorar mis caminos, ya que me he encontrado con mucha gente que me ha apoyado en mis planes, objetivos, sueños y metas, solo platicándolos.

He escuchado personas que dicen, no cuento mis proyectos porque luego no se logran, en cambio, yo, en son de rebeldía, lo cuento todo, porque me ha funcionado, el mundo planea al mismo tiempo que yo decido.

En mi experiencia me ha favorecido más tener fe que pensar que algo me arrebata mi felicidad o mi buena suerte, cuando no gano, sé que ya gané antes de perder porque cuento mis bendiciones y siempre valoro el aprendizaje en todo, hasta el momento tengo muy claro que lo que no me dobla, me fortalece.

Compartir experiencias, testimonios y dar fruto de lo aprendido puede que motive a muchos en situaciones similares a hacer sus propios logros realidad.

Equivocarse no es lo peor, lo peor es que no aprendemos a corregir los errores.

Equivocarse es de humanos

Enfrentar los errores y aprender a soltar son dos puntos clave que se relacionan, pero hay situaciones que parece que nos controlan.

Aunque sientas que no es correcto lo que estás haciendo, algo te impulsa a seguir equivocándote, hay que tomar todas las fuerzas para ir contra tu propia voluntad. Hay que cambiar el rumbo.

"Lo bailado ni quién me lo quite" es uno de los dichos que la gente usa para respaldar a las acciones de las que no están seguros de hacer pero que encuentran algo placentero en hacerlo.

Llega por primera vez una paciente, ella describe que es una profesionista exitosa, casada, su problema es haber descubierto a su esposo en una infidelidad, confiesa su afán por seguir a su marido y describe con lujo de detalles como logro enterarse de las mentiras que su esposo le decía para verse con su amante.

No quería separase de su esposo, pero estaba tan angustiada porque no sabía que debía hacer con la información que tenía ahora acerca del amorío que su esposo tenía con una mujer.

Separarse de él, era lo lógico en su mente, por sentir que la confianza estaba rota, pero se contradecía al asegurar que no podía hacerlo porque sentía que no podría estar sola y además la idea del divorcio la aterraba.

La descripción de cómo lo había seguido y como tenía tanta información era alarmante porque había echado mano de mucho tiempo y recursos tecnológicos para tener sus redes hackeadas y un control absoluto de los movimientos de su marido.

Hay algo que se dispara en tu interior que te obliga a tener estos impulsos de querer saber la verdad de lo que esté sucediendo, aunque la vida se te vaya en cada enfrentamiento y se apaguen las ilusiones, es un acto autodestructivo, al querer saber todo de quien se supone que amamos.

Le pregunté, cuál era el principal problema que buscaba resolver para iniciar la terapia, y su respuesta fue, que quería saber por qué su esposo había sido infiel, eso era su principal objetivo.

¿y el segundo objetivo?, le pregunte, a lo que contestó...¨Sentirme bien, En paz¨.

Las personas que sufren por una infidelidad, quieren saber ¿por qué pasa?, ¿qué lo provoca?, ¿qué hicieron mal?, surgen muchas dudas y miedos, es algo repetitivo.

Aunque se explique que el infiel es quien tiene problemas internos, que no hay manera de que alguien te sea fiel solo porque tú hagas lo que hagas, eso no funciona así. Pero aun así el dolor es inmenso y se crea un grave conflicto interno.

¿Por qué pasa esta situación? Hay errores que se deciden, tener una relación extramarital toma sus pasos, se piensa, se planea, no es un tropiezo, pero hacer análisis de las circunstancias del otro, antes que buscar tu paz, no es lo más recomendable.

porque estas débil, hay que fortalecerse primero porque sino terminas teniendo más errores que él que se equivocó.

Pongo este ejemplo porque tendemos a preocuparnos más de las equivocaciones ajenas y demostrando que dejamos en segundo término nuestro propio caos, hay que empezar con la sanidad de nuestra mente y entender nuestros propios errores.

Cuando estas sanando tus errores, hay que entender que equivocarse es exponerse. Cuando te expones al mundo, a las circunstancias que te rodean o simplemente decir si a lo que la vida te está sugiriendo es exponerse a vivir.

Hay que aprender a decir que sí, y aprender a decir que no. según lo que más te haga falta.

Si siempre buscas las mejores situaciones, las perfectas circunstancias y que todo sea tan alineado que no haya margen de error, creerás que si todo lo haces con un plan perfecto los resultados serán óptimos.

Pero no siempre los resultados acaban siendo lo que pensamos y es cuando llega la frustración y sobre todo la pérdida de tiempo.

El tiempo no regresa, es lo que realmente no se puede recuperar. Es en verdad lo que nos lamentamos de dejar ir cuando nos damos cuenta de que esperamos demasiado para esa oportunidad que queríamos, para esa felicidad que buscamos, para empezar a cambiar y mejorar nuestra vida.

Si no empezamos ya, entonces se nos fue un día más sin disfrutar lo mejor que nos puede pasar, que es transformarnos en lo que deseamos ser o tener.

No es perfección sino progreso y momentos

La perfección es la forma en que cada persona visualiza su estado ideal Así como la felicidad tiene diferentes conceptos para cada uno de nosotros.

Si para mí, la felicidad es tener salud y también tener a mi familia unida, esas serían mis prioridades.El problema es cuando esa situación puede estar fuera de nuestro alcance.

La perfección absoluta no existe. Por ejemplo, tener salud puede estar bajo mi control parcialmente, me cuido, como sano, voy regularmente a chequeos, conozco mi cuerpo y procuro su bienestar.

Pero eso no me garantiza que todo lo que hago tendrá óptimos resultados, solo garantiza que podría aminorar su decadencia, pero hay otros factores que tienen peso en ese sentido, como la genética y el medio ambiente.

Siempre habrá factores externos que tomen un rol de poder sobre tus prioridades y que afecten a los resultados que quieres obtener.

Confucio habla de los errores,"El hombre que ha cometido un error y no lo corrige comete otro error mayor". Enfrentemos los errores con responsabilidad.

El error más común que podría adjudicarme es haber pensado que alguien más me hacía feliz, la mejor respuesta fue aceptar que ese deseo y entregar ese poder a alguien más era demasiado pesado para cualquiera de lograr o de cargar para satisfacerme y darme felicidad.

Además que también tuve que descubrir que ni idea tenia de que era realmente, la felicidad. Hay sentimientos que creemos conocer y que le otorgamos esa responsabilidad a otra persona.

Si esa persona no está, entonces no soy feliz, si esta persona no me contesta, no me ve, no me busca, entonces no puedo vivir, se me va el aire, ¡¡muero lentamente!!

Llegamos a ser dramáticos y cómo no serlo si así crecimos, entre canciones de desamor, entre historias de amores imposibles y dolores del alma.

Cómo podríamos asimilar la vida sin la pareja ideal o la boda perfecta, podría caer esta parte del libro en las creencias y conceptos, pero resulta que son los errores, esos que preferimos atesorar porque no podemos, ni queremos enfrentar, no es nada fácil.

Lo entiendo demasiado bien y respeto el proceso que cada quien tiene que ir asimilando acerca de la realidad de que el amor, control y poder de la felicidad está en uno mismo, siendo las demás personas, situaciones o momentos, complementos y acompañamientos de nuestro existir.

Es complicado entender para los que quieren seguir controlando, que, para las personas con una actitud sana sobre su felicidad, siempre estarán en el segundo termino en la lista de sus prioridades.

Cuando te topas con alguien que está sano mentalmente y que sabe poner límites, reglas y condiciones en cómo quiere ser tratado, la mayoría de las veces se les llama egoístas por no ponernos en primer lugar, antes que ellos mismos.

Pero cuidado con otra situación, si te consideras de cierta forma mentalmente sano, pero sin reglas, sin atención propia y sin cuidar tus sensores, es posible caer en el error de llamarle amor a una relación tóxica y confundir con actitudes negativas como el

Empalagamiento, celos y control absoluto, y justificando "lo hace porque me ama".

Presa fácil podemos ser todos cuando se disfraza de pasión lo tóxico. ¡Que ricura sentirse tan atendida, tan correspondida pero tan tan, puede llegar a demasiado, así que ... cuidado!

Se puede jugar apasionadamente, pero hay que encontrar los límites para no invadir la vida propia ni la del otro, por muy rico que se sienta.

Pensemos en el ejemplo de un pastel, puede ser delicioso un postre, pero por muy rico que nos parezca si tienes cuidado con tu salud, sabes cuándo parar, sabes cuando no hay muchas consecuencias, pero lo puedes gozar, lo importante es siempre saber que seremos responsables de las consecuencias, las cuales siempre hay después de un arrebato emocional.

5. El miedo al fracaso se inculca

En la infancia toda experiencia es novedad, en mi experiencia ahora recuerdo un evento enfrentando la realidad y me causa gracia, porque veo como en una película mi niñez y la gozo mucho.

En mi mundo infantil me creía millonaria, me encantaba ser un poco presumida de disfrutar de todo lo que había en mi casa, todo lo que era mi familia, todo me causaba un gran orgullo y felicidad.

Por pocos años tuve esa sensación, me parece que tenía 7 años cuando escuché por primera vez a mi madre mencionar que no éramos ricos, tal vez antes no ponía atención a esas conversaciones, pero fue a raíz de que una de mis hermanas quería irse de viaje en una excursión, mi mamá trabajaba mucho, yo no sabía nada de los roles o responsabilidades de los padres.

Fue un shock en mi mente, oír a mi madre con un gran discurso acerca de los gastos y responsabilidades. Entonces supe que era pobre, porque me lo dijeron.

Empecé a escuchar más atenta las realidades, según la percepción de quienes me educaban. Todo esto ahora lo puedo contar sin pesar alguno, pero en su momento fue un poco sorpresivo.

No fue algo que me causara ninguna tristeza, ni angustia, solo fue sorpresivo y recuerdo hacer análisis a mi corta edad.

Así también me dijeron que no sabía cantar, yo pensaba que cantaba divino. Me gusta mucho cantar y bailar, pero así empezó a escalar la lista de aprobaciones y desaprobaciones de los demás para mi persona y para la vida que tenía.

Entonces me di cuenta de que todos todos tienen una opinión de tu vida, en todo se te califica y según el humor de cada quien, tendrás un acierto o desacierto.

La opinión se puede respetar pero no la acepto, trato de no pelear con las percepciones ajenas. Desde entonces soy rebelde a las opiniones sin validez, me resisto a que alguien sin credenciales en el tema me diga lo que puedo o no puedo hacer.

Cuando yo me calificaba era más feliz. Porque yo me iba por las emociones que tenía al hacer algo, así que cuando empezó esta bola de nieve de los NO, así le llamo a esa faceta, porque fueron más los:

NO sabes, NO puedes, NO debes, NO te queda, NO sirves y esos: ¡¡NO es para ti!! A menudo a este comportamiento se le confunde con el concepto de educar, aconsejar y motivar a hacer "lo bueno".

Empieza esa lista de "esto es bueno y esto es malo" pero realmente solo es basado en la experiencia de cada quien, por eso hay que preguntar si esa persona que te está dando su opinión es experta en el tema. si no lo es, dale la validez según su experiencia y recuerda que tú decides tu vida.

Fui una niña con muchos temores, tuve que enfrentar mis propias angustias, aunque les aseguro que el miedo no es algo malo, ahora lo digo con la seguridad de lo que sé.

Porque el sentir miedo es un sensor, y nos ayuda a reconocer los peligros, el problema es la confusión que se crea por los errores que nos educan de creencias y conceptos limitantes y que además se contagian con el ejemplo de las personas con quien se convive al crecer, además del medio ambiente y cultura en las que nos desarrollamos.

Y si llega el momento de pedir esa opinión, porque te asaltan las dudas si estás haciendo lo correcto, busca la mejor opción.

No te límites a solo mirar el horóscopo o platicar con las amigas, si realmente quieres trabajar en ti, busca todos los recursos disponibles y ten curiosidad.

Recorre tu vida con todas las preguntas y empieza a darle sentido con respuestas que tu búsqueda obtendrá, solo recuerda que es un trabajo arduo no lo tomes a lo fácil porque esos serán también los resultados que tendrás, lo fácil resulta barato y muchas veces falso.

La gente prefiere creer antes que dudar, aún en este tiempo en que la información está al alcance de nuestro celular, aún así, no dejan las personas de consumir cualquier tipo de conceptos de charlatanería, de pseudociencias con tal de sentirse atendido.

Como usar el tarot, las cartas, los imanes, las constelaciones y algunas otras vías de obtener información rápida, mágica y sin mucho esfuerzo propio, esa es la realidad de porque se busca este tipo de ayudas.

6. Creencias

Tengo una paciente que en su sesión usa su hora de terapia para analizar a su pareja. Me dice "él es mentiroso, me hace sentir insegura, me ha sido infiel porque tiene muchos traumas, sufre de narcisismo".

Podría detenerla y enfrentarla a los errores de creencias, pero es importante escuchar y que ella se escuche al hacer sus análisis porque también es necesario soltar todo, aunque podría asegurar que es una historia que ella ha repetido muchas veces.

Tuve una experiencia propia con ese tipo de conversaciones en donde yo repetía lo mismo de un suceso que pasó en mi vida que no lograba asimilar, por qué lo había permitido, cuando de repente algo me sacudió mientras contaba la misma historia.

Era algo absurdo para mí, pero fue importante escucharme a mí misma, y reflexionar en el tema.

Por eso, sé que no hay que detener a quien te repite una historia porque seguirá en su mente hasta lograr darle lógica, eso sucede frecuentemente, sobre todo en las desilusiones amorosas, un tema que hay que tocar porque parece que cuando se está enamorada, se tiene otro mecanismo en el cerebro.

Lo ideal es hacer una pausa, cuando algo hace clic en el cerebro, como en esa ocasión que logre percatarme de mis repeticiones.

Toma un respiro y harás una mejor reflexión, buscar apoyo es lo que te puede ayudar muchísimo, pero empezar a lograr pequeños cambios de conciencia por ti mismo, son momentos de gran avance.

Una buena estrategia es escribir lo que tanto te causa dudas, las preguntas que tienes en la mente, los conceptos que te agobian, desmenuzar con tus propias palabras eso que no te queda claro.

Dudar, cuestionarse, preguntar, es lo que nos lleva a tener una idea más cercana a lo que nuestra mente puede sentir que hay lógica en lo que está pasando, pero hay que hacer la tarea de plantear el problema para uno mismo.

Si realmente es un problema propio, porque no se vale tomarse tanto tiempo, espacio y esfuerzos en problemas que no nos corresponden.

Cuando un problema no es tuyo y quieres ayudar, da lo que puedas, pero no debes nunca quedarte sin fuerzas porque cuando te corresponda enfrentar tus propios problemas entonces podrías quedarte sin nada para lo que sí es tuyo por resolver.

Recuerda que cada quien debe ser responsable por lo suyo, podríamos apoyar y ser de gran ayuda, pero solo con la honestidad de hacer lo que está en nuestras manos apoyar, teniendo en cuenta que no debemos interrumpir el crecimiento personal de cada quien.

Una palabra de ánimo, un abrazo, una simple sonrisa a veces es todo lo que una persona necesita para seguir en la lucha de sus propias batallas.

La inseguridad y desconfianza

Hay creencias que nos inculcan, que nos hacen débiles y que se relacionan con la desconfianza.

Por ejemplo, hay padres que por miedo a que les hagan daño a sus hijos, los mantienen alejados de todo ¨peligro¨ y les dictan constantemente lo que les podría pasar, estas creencias y conceptos lejos de ayudarlos, se vuelven ideas catastróficas en los jóvenes o adultos que empiezan a procurar su independencia.

Los sensores están alterados, la intención de los padres puede ser noble y sobreprotectora, pero surge todo lo contrario.

En mi consulta privada comúnmente han llegado a pedir terapia, jóvenes adultos que tienen los nervios destrozados, que no logran asimilar la vida sin pensar que algo terrible les va a pasar y los niveles de ansiedad atentan contra su salud.

Un porcentaje muy alto corresponde a la exagerada sobreprotección que como padres tenemos con nuestros hijos. Sabemos que hay muchos peligros, que tenemos que enseñarles herramientas de protección, pero muchas veces los estamos llenando de inseguridades.

Como adultos corresponde entender que hay que resolver esas creencias, que hay que balancear esos conceptos y reemplazar los pensamientos fatalistas.

Acerca de nuestra personalidad también existe mucha información que son conceptos y creencias que repetimos, como periquitos, hay conceptos que se vuelven parte de la plática diaria, con la inmensa desinformación que tenemos a la mano.

Como son las redes sociales, el internet, fácilmente encontrarás algo que identifique a tu pareja, amigo(a), familiar o jefe.

Por ejemplo, cuando se usa un término para describir un perfil de personalidad y se vuelve popular como el decir "narcisista", en efecto, facilita la identificación de un tipo de personalidad y se nos hace más práctico catalogar a las personas por algunas características.

Pero eso no es un diagnóstico fiable. Como parte de una plática coloquial pasa, pero si en realidad ocupas una buena terapia, busca siempre a alguien profesional para dialogar esos términos.

La negatividad parece darse de manera natural en la mayoría de nosotros, es algo curioso pero lo negativo es más fácil de detectar que lo positivo.

Al inicio de la terapia, una de las actividades que procuro es realizar una lista de los puntos positivos que se viven en el presente y diariamente, porque esto fortalece mucho a las personas a valorar el resultado de las experiencias en su vida.

Si tú realizas este ejercicio, te darás cuenta que habrá cosas de las cuales no te habías dado cuenta, o que no le das la atención debida que cuando las enlistas.

Las reflexionas y saboreas cada una de esas cualidades o experiencias que estás viviendo en el momento y que son el resultado actual de ese pasado, al cual hay que ir desmenuzando, pero ya con la fortaleza de valorar, visualizar y palpar lo que tenemos en nuestro día actual, como nuestros progresos.

La ley de la atracción es un concepto que se ha popularizado y se entiende que lo que piensas lo atraes.

En mi opinión, que siempre busco como darle definiciones propias, retando a los conceptos preconcebidos y haciendo pruebas aunado a las experiencias de la investigación, leyendo e indagando de los temas que se hacen de orden común.

Creo entender que nuestra positividad o negatividad se puede constatar cuando algo pasa bueno o malo, y que entonces decimos, pasó tal como lo había pensado.

Hay un dicho hispano es ¨piensa mal y acertarás.

Creo que la búsqueda al balance se centra en que no todo es ver la realidad, también hay que tener ilusiones y fantasías.

La historia personal se desarrolla en base a los genes y el ambiente donde creces, con los conceptos que te inculcan, tus padres, tus familiares, amigos y gente cercana a ti. Serán los resultados que tiene tu historia familiar.

Igual que los limitantes de nuestros padres y familiares cercanos con los que nos vamos educando, van haciendo el sello de nuestra historia.

En mi experiencia el término rebelde aplicado a hacer cambios en mi historia personal, me crea la sensación de libertad.

Es una dinámica que nos puede ayudar a encontrar nuestro propio grupo de rebeldes (amigos), entonces si nos gusta parecernos a alguien más, lo cual en ese sentido no es algo malo, admirar a alguien y quererse identificar.

Por eso hay que descubrir a quién, si nos gusta parecernos y a quién no nos gustaría seguir, aquí es donde viene lo que conviene y no conviene a uno mismo, lo cual es necesario reflexionar y puntualizar para nuestro propio bienestar.

Gozo plenamente cuando encuentro gente con mis mismos ideales, con las mismas ganas de cambiar el mundo, identificando esas creencias y conceptos que he ido haciendo parte de mi vida.

Cuando yo pienso que algo funciona para bien propio y de la comunidad, lo peleó y lo manifiesto con toda mi pasión, siempre después de un buen análisis, investigación y encuesta con mi gente.

Ese grupo que es fabuloso tener porque son el equipo en el que podemos confiar y además respaldarnos para emprender proyectos.

Arma ese equipo de amigos, tener una decisión bien pensada, fundamentada y planeada siempre será una fortaleza.

Hay que rebelarse y apropiarse de creencias y conceptos propios. Si a ti te da paz, alegría y confianza, vívelo a tu manera.

7. El Control

El tema del control es un tema bastante amplio y muy importante su compresión, aceptar y buscar el balance porque puede ser un factor muy positivo en tu vida.

El control absoluto que se quiere tener sobre personas o situaciones, no es fácil de soltar cuando se ha hecho parte de nuestra personalidad, creer tener ese tipo de control sobre otros, nos brinda una falsa sensación de que todo va a salir como deseamos, y desafortunadamente se insiste en lo que no sucede.

El control es algo constante en nuestra vida, crecer con la idea de independizarse de los padres es algo que se va a aprendiendo y amando la idea. Algunos desde muy jóvenes pasamos por esta etapa de querer independizarse de la familia.

En mi caso, aunque me gusta mucho pertenecer a mi familia, con sus diferencias, secretos y arrebatos, para mí el pilar de mi vida son mi abuela y mi madre quienes lograron darnos un entorno magnifico de fortaleza y amor filial.

Me identifico como una mujer justa, paciente, mediadora, respetuosa de las reglas y el orden familiar pero rebelde ante las injusticias, modas o estereotipos que me parezcan fuera de mi esencia y esto lo identifico como un desafío al control.

El control se encuentra en todos los entornos, desde lo íntimo como es tu persona, tu familia, hasta lo público o comunitario, como lo son en la actualidad las herramientas de la tecnología que nos rebasan en control.

Habrá que definir por consecuencia el control en sus variantes y sobre todo en lo que aplica a lo que nos conviene, los pros y los contras.

Al nacer no se tiene control de absolutamente nada, es por eso que no se toma ninguna decisión en como inicia nuestra vida, los entornos, ni quien, ni cómo se nos cuida.

Para mí eso era demasiado difícil esperar a crecer para ser adulto, yo iba de prisa en vivir lo más rápido posible, crecí en circunstancias y conceptos, que me hacían sentir que se me iba la vida.

Mi madre me recordaba seguido que ella tenía una enfermedad cardiaca que no le quedaba mucho por estar con nosotros y me lleno de esas ideas que la vida era corta y había que vivir lo mejor y más rápido posible.

La mejor parte fue que me inculcaba a leer para recorrer el mundo y los pensamientos de los demás, decía que todo estaba escrito y que solo había que leerlo y trabajar, siempre fue su recomendación, estudia y trabaja que la vida es corta.

Hago estos pequeños análisis personales para mostrar un ejemplo, recrear las memorias son una herramienta que nos beneficia, cuando estamos buscando cambiar, hay que analizar nuestra propia historia.

Haz una pausa en la lectura y analiza un poco en tu vida.

Cuando aplicas a tu experiencia lo que vas leyendo, tal vez hasta mejorarás el concepto, que eso sería fenomenal, agrega a tus notas lo que vayas aprendiendo.

Hacer un recorrido mental de nuestra vida, nos puede mostrar esos momentos en los que seguramente te encontrarás en alguna situación en donde te invada el control, alguien controlaba tu tiempo, espacio o persona o eras tu quien querías controlar algo o alguien.

Recorrer ese camino de la memoria, es algo muy sano, porque se aprende de uno mismo, reconociendo los tremendos errores, llegamos más fácilmente a los aciertos además que se saborean mejor cuando se entiende como hemos llegado a ese punto.

Cuando me tomé el tiempo para enfrentarme al caos que me invadía en uno de los momentos más difíciles de mi vida, me percaté que yo estaba queriendo controlar algo que no me correspondía.

Descubrí que eso era el resultado de lo que me estaba sucediendo, entonces cuando las cosas no salían como yo esperaba, me llenaba de frustración y rabia.

Cada vida, cada persona, cuenta una historia diferente, siempre tu problema se escuchará más fuerte, difícil o imposible de solucionar para ti y para los demás será más práctico de aconsejar.

Todos somos muy buenos consejeros en los problemas ajenos, por eso es importante vernos en un espejo y conocerse, platicarse a uno mismo su vida y enfrentar los caos internos.

Antes de ir a pedir ayuda, procura siempre hacer un análisis como si aconsejaras a un amigo, así podrás tener esa información un poco más organizada.

En mi caso tuve la sensación de que me tomó mucho tiempo el reflexionar sobre lo que me sucedía, sobre todo por el concepto del control. No podía aceptar fácilmente que me había ganado la prisa por vivir.

Tenía algunos conocimientos de desarrollo personal pero no podía avanzar porque me costó mucho trabajo y esfuerzo asimilar en donde estaban mis errores, pero no hay términos medios, definitivamente para lograr aciertos hay que hacer frente a los errores y procurar esos cambios necesarios.

Nuestra responsabilidad inicia a partir de la adolescencia que es cuando empieza nuestro crecimiento formativo individual. Algunos inician a los 13, 14 o 15 años, aunque los estudios indican que el cerebro no ha acabado de formarse sino hasta los 27 años aproximadamente.

No es excusa para no tomar responsabilidad de la libertad que estamos procurando para nosotros mismos.

Reconozco que ir de prisa solo me agobió rápidamente, tal vez cambiaría algo a mi historia si tuviera la posibilidad de empezar de nuevo, pero realmente ahora que veo la película completa, todo me ha llevado hasta este momento.

Me había rebasado mi ignorancia en pretender que tenía todo controlado. Ignorar los defectos o errores que estamos cometiendo son lo que nos limita a poder enmendarlos.

Vivir creyendo que todo lo puedes controlar, o querer que todo salga perfecto es la sensación más agotadora que se puede vivir cuando eres controladora y lo peor que no sean los resultados que tú esperas, entonces sientes que todo lo que tú hacías para mantener en su sitio, no sirvió de nada.

Aprender a soltar fue el primer paso para sanar en mi propia experiencia sobre el control, el desapego es un paso importante que tuve que dar y que nos lleva a librarnos de esa sensación de traición que sentimos cuando creemos que otros nos están haciendo daño.

El control de las personas o situaciones no es para siempre y la mayoría de las veces es ilusión solamente.

Creemos que hay un control por amor, por compromiso, por responsabilidad y que tal vez cada quien está trabajando en lo que se han prometido pero eso está lejano a la realidad.

El peor error que puede cometer un controlador es engañarse a sí mismo en que lo que aporta a la relación, tiene que valorarlo la pareja y pensar que "quien en su sano juicio dejaría una relación tan fabulosa, donde todo te dan (y según el criterio del controlador, ni le exiges mucho)".

Me decía un paciente, muy consiente de esos errores, "estaba leyendo sobre el narcisismo y reconocí todo eso en mi esposa, pero tenemos una relación tan tóxica que también era algo que yo hacía constantemente", entonces él me preguntó si los dos eran narcisistas, un término que usan para describir a personas manipuladoras y controladoras.

Las parejas llegamos a ser espejo una de la otra y muchas veces también competimos, al principio en dar cariño y cuando se agria la relación, la competencia es en hacerse daño.

Reconocer los errores es el primer paso que nos llevara a remediar el daño que se hace a uno mismo con estas acciones.

Si reconoces a tu pareja como narcisista, entonces habrá que reconocer que mucho de esas acciones las has aprendido y por ende las repites o repetirás en tu siguiente relación.

Busca apoyo y sobre todo sé honesto contigo mismo para encontrar sanar y remediar este tipo de comportamiento dañino.

La vida no se controla, la vida se vive y se deja vivir, pero el control siempre existe, siempre podremos visualizar con detenimiento, quién o qué o cómo está el control actuando en nuestras vidas, según el momento o etapa que estamos viviendo.

8. Mientras tanto...

Empieza por algo, por un sueño, por un deseo, por una ilusión, a veces solo vemos necesidades porque esa es la costumbre que tenemos de enfocarnos en lo básico para pasar el día y se vuelve pesado.

Cuántas veces has escuchado que la gente se refiere a la palabra rutina como algo que no es bueno, cuando en realidad tiene mucho que ver con qué tipo de hábitos llevamos. Para empezar a descubrir esas equivocaciones hay que empezar a confrontar la realidad.

Conoce primero bien tu presente, a veces se prefiere irse al pasado y culpar todo lo que te lleva al lugar en donde estas ahora mismo, lo cual es verdad, todo tiene sus raíces.

Pero conveniente iniciar el análisis. En el presente está el resultado real, actual. Después hay que elegir lo que aún quieres conservar, lo que te gusta de ti, de tu vida, haz una lista.

Escribe. escribirlo nos brinda una herramienta ideal para liberar de nuestra mente información y poder organizarla mejor.

Lo que no te gusta de ti, puedes ir planeando en cómo y con qué vas a reemplazar definitivamente.

9. Tu bienestar primero...

Hay que ser muy audaces en no caer en creencias vacías, de todas las personas que conoces o amas obtienes opiniones, pero no todos tienen la razón, logra armar tus propias ideologías, tal vez en base de lo que escuches, lees o aprendes, pero sobre todo aprendiendo lo que provoca tu bienestar.

Uno de mis conceptos es que hay que apropiarnos de nuestra historia para amar lo que sí es positivo para nosotros. Enamórate de tu vida es un eslogan que he usado por mucho tiempo y que lo aunó a esta mecánica de buscar no solo lo mejor de nuestra historia personal sino que cada momento cuente.

Cada vida es una historia, cada persona es como el personaje principal de su propia película.

No hay que dejar de ser protagonistas de nuestra propia vida y que nada te arrebate tú felicidad, ni una foto, ni una canción, ni un recuerdo, de lo bueno y lo malo aprendemos, de aquellos momentos que disfrutaste, hay que verlos como trofeos y no con tristeza.

Hay muchas personas que al recordar lo bello de una relación lo revuelven con sus memorias de dolor y se convierten en una pesadilla al recordarlo, es por eso que no logran superar esas pérdidas y sobre todo siguen con heridas muy sensibles.

Las personas que presentan una tristeza aguda por separaciones, muerte de familiares, divorcios ó infidelidades y traiciones, perdidas que hacen heridas tan graves que no se pueden ni reconocer a sí mismas como las personas que eran antes, están en un caos emocional que es difícil hasta comunicar todo el dolor que están pasando.

He visto estos casos en pacientes y verlos recuperar su historia de vida, reacomodar su personalidad y recobrar la fortaleza es una de las mejores partes de mi práctica como psicóloga.

Todo tiene solución y es posible recobrar esas memorias en positivo y llenar nuestra historia con las luchas que hemos enfrentado.

Tanto las perdidas como las ganancias pueden dejar en nosotros una gran lección de fortaleza, de amor propio, de sabiduría, con todo el aprendizaje que obtenemos cada que vivimos, un día más.

10. Dinero

Salud, dinero y amor... los 3 deseos que muchos anhelamos y que parece solo un sueño ideal tener este balance de estas tres facetas cubiertas, es por eso que, aunque sea un tema extenso me parece importante tomarlo en serio en el desarrollo personal.

La cultura del dinero, si hace falta, provoca inseguridad y es uno de los conceptos que frenan a muchos, a creer en sí mismos. Es uno de los bajones de la autoestima, al que se le responsabiliza si no se tiene dinero.

Entonces comienzan las excusas de que no se puede hacer mucho por uno mismo, tomamos como pretexto para no estudiar, para comer lo que sea, para no comprometerse en una relación y hasta para no arreglarse, justificándose que no se puede comprar

Ni ropa bonita o un perfume, porque sin dinero pues no hay razón ni forma de hacer nada...

nada, nada .... así se manifiesta el tema de la ausencia de dinero.

Se vuelve un ciclo, un círculo vicioso negativo, no hay dinero, entonces no hay empeño, no hay obligaciones, no hay motivos para animarse, no hay para que levantarse, se ven inútiles los esfuerzos, la mayoría de las veces, son esfuerzos débiles por lograr resultados.

La mayoría de los que se han hecho expertos en finanzas coinciden en que el desarrollo personal es la base de una mejoría en el ámbito económico, entonces podríamos decir que el invertir en cambios sustanciales personales para mejorar tu vida, es el mejor comienzo a trabajar en el plan financiero.

Con solo desear dinero no es suficiente, hay que trazar el plan para obtener ingresos, aprender que son las finanzas y cuáles son los caminos para lograr ser estable económicamente.

No solo lo básico sino lo que realmente nos haga sentir con un bienestar pleno en la economía.

Es un tema muy importante, aunque a veces se quiera minimizar con los conceptos de “el dinero no lo es todo”, y claro que no lo es todo, pero es parte de nuestro existir y hay que dedicarle atención.

Y cuando se empieza a generar algo de dinero, hay quienes opinan que se debe de ahorrar para cuando haga falta, para una emergencia o algún propósito que se quiera hacer en específico. Es un tema extenso y fascinante, pero lo resumiré en una comparación:

es casi igual que conocerse a sí mismo,

van de la mano, porque tiene que coincidir con los planes personales, habrá que hacer ese plan de vida para también hacer el plan de los asuntos financieros, no se puede vivir sin tener un camino para resolver el asunto económico. Y hay que empezar por reconocer

¿para qué es el dinero?

Vivir el presente es importante, más importante que el futuro, pero sin despreciar el porvenir.

¡Tienes que trazar un plan!

Entre las frases culturales del dinero tendrás en tu repertorio: "El dinero es para gastarse", "el dinero es difícil de ganar y fácil de gastar", "el dinero no compra la felicidad",

Y se van haciendo parte de los pensamientos que tu mente se apropia de esas ideas que has escuchado de la gente con la que convives.

No tomes esas frases como excusas, mejor actualiza tus pensamientos sobre el dinero y actúa.

Hay muchos que hablan de hacer riqueza con facilidad si solo te lo propones, o si cancelas cualquier pensamiento de pobreza y esto no es así, hay que aprender de finanzas como punto principal, entender el lenguaje y buscar educarse.

Acércate a quien ya lo logró y pregunta, la mayoría de las personas que saben trabajar las finanzas y es notorio, comparten sus conocimientos porque no les vas a quitar nada, pero busca a alguien en quien puedas confiar o paga un buen asesor financiero.

En mi opinión prefiero el plan y la acción, primero comprender mi ser, mi modo de vida, mis metas y trazar lo que más conviene a mis ideales.

Hay que aprender a diseñar un plan propio, esto debe de ser un habito diario o semanal pero no se debe dejar por mucho tiempo. Hacer la cultura del bienestar económico parte de tu vida.

11. No es suerte sino trabajo

Para Cosechar con éxito...

Para lograr cambios consistentes hay que aprender a dominar ciertas cualidades, aquí entran las acciones de la rutina que se convierten en hábitos, cada que hacemos algo, cobra vida e impacto en nuestro momento.

Es nuestro tiempo invertido el cuál se convierte en la semilla de lo que tendremos de cosecha, una cosecha esperada es aquella a la que con esmero procuramos dar los pasos necesarios para lograr que sea buena, vasta y con mucho éxito.

Las buenas rutinas son las principales claves del éxito. Lo que se hace repetidamente se convierte en hábito. La costumbre de practicar buenos hábitos que algunos los aprendiste por la educación que te dieron en tu casa, pero aquellos a los que tú mismo te impones son los que serán determinantes en tu plan de éxito.

Cuando te propones algo hay que elaborar un plan de objetivos y estos llevan pasos a seguir en los cuales tendrás que revisar tus horarios.

La disciplina, la organización, la práctica, el esfuerzo, el respeto y la responsabilidad, son algunas de las cualidades que debes procurar tener presente, son algunos de los valores que facilitan la labor diaria.

Esa rutina que ya es un habito logra tener mejores frutos si se maneja con mucho respeto cada acción. Porque cada uno de tus movimientos debe ser contemplado en ese principio tan importante que es el conocerse, recorrerse y ser consiente de cada acción.

Lo que hacemos, decimos, proponemos y esperamos, pero, sobre todo, lo que practicamos, todo es una práctica de experiencia. Y lo que practicas serás experto, entonces...

¿en qué quieres ser experto?

¿Y qué estás haciendo con tu tiempo?

El hacer es lo más importante en el avance, si reconoces que te han inculcado valores desde tu infancia es fabuloso porque seguramente tus padres son exitosos en lo que hacen y por consiguiente tienes herramientas que se te han dado, pero ahora hay que tener conciencia de que existen y aplicarlos.

Si al reconocerte puedes ver que no tienes una formación adecuada a tus planes, entonces es momento de revolucionar tu aprendizaje, tu experiencia y adaptar nuevos patrones de enseñanza a tu vida.

Visualízate en lo que quieres y prepárate a integrar las cualidades que tu meta requiere.

Empezar es lo más difícil pero lo básico es saber que quieres llegar a ser, si aún no tienes la idea firme de tus metas, no importa, que eso no te detenga, puedes seguir haciendo el plan, mientras aseguras los cimientos, así que empieza por las rutinas, hábitos y reconocimiento personal.

Te aseguro que esto te hará que abra tu mente y hará cambios en tus pensamientos, una vez que inicias el proceso de revolucionarte, aún sin metas claras, se puede lograr mucho, cuando se empieza con las cosas pequeñas que a veces no notamos pero que hay que modificar.

Hacer ese recuento de las habilidades y hábitos es importante porque así podrás hacerlo conscientemente y te rendirá mejor tú tiempo.

Cuando hablo de tiempo o planteo el uso de la agenda, algunas personas sienten como si todo tiene que ser enfocado al trabajo cuando no es así porque tu vida hay que darle un sentido y un balance.

Enfocar el tiempo y esfuerzo para saber qué es lo que te conviene, los pros y los contras de tu rutina diaria.

"No solo es talento lo que te lleva a ser exitoso, sino que hay que moverse, hay que trabajar "

Cuando se trata de un trabajo, siempre habrá un periodo de aprendizaje, de practica y luego de apropiación, donde pondremos nuestra firma a lo que hacemos, pero primero hay que indagar lo que se espera de uno en dicho trabajo.

Trabajar es realmente algo fabuloso, hay que disfrutar al máximo esa experiencia, tiene una sensación increíble de participación en la sociedad, te da un lugar temporal en el ciclo de la vida, digo temporal porque la vida es para vivirla en momentos, a sorbos y gozar cada segundo.

Hay personas que pueden trabajar muchísimos años en un mismo sitio, pero también tienen cambios en su rutina, por ejemplo, los maestros, el médico en su consultorio, el arquitecto en su compañía, el obrero en una misma fabrica, por años en la misma rama de trabajo, aun así enfrentan diferentes retos cada día, cada año.

Se encuentran nuevos desafíos, nuevos compañeros, nuevos clientes, pacientes, metas, objetivos y hazañas por hacer.

Recuerdo mi primer trabajo, vivía en Houston, Texas, a los 14 años estuve un año como gerente de distribución en la bodega de una compañía de construcción, me habían contratado por recomendación de un familiar. Iba por las mañanas. Llegaba a las 4 a.m., tomaba dos autobuses, entraba a la preparatoria a las 8. a.m así que me daba tiempo de ir y regresar a la escuela.

Saliendo de la escuela, trabajaba en la oficina. Fue un gran entrenamiento para mí.

Aprendí mucho sobre cómo lidiar con empleados, porque por las mañanas era la jefa que coordinaba a todos los empleados para que salieran a sus obras. Les daba el material y estaba al pendiente de cómo iban en cada trabajo que tenían. Por las tardes regresaba después de escuela para ser la asistente de todos en la oficina. Si había que organizar los números para pagar a los empleados, o tal vez revisar que todo estuviera limpio y ordenado también lo hacía. Comprar lo que hiciera falta. Asistía a todo el personal.

Ahorre ese dinero y aproveche que mi familia me vio muy responsable todo el año que trabajé y así pude obtener permiso de irme a estudiar a Florida. Me pagué mi pasaje y encontré la oportunidad de inscribirme en una escuela de arte.

En Florida, conseguí trabajo en una maquiladora textil donde hacían emblemas, trabajé de noche para estudiar de día, baile, canto, arte dramático y modelaje.

Aprendí mucho y lo disfruté muchísimo más.

¿que si sufrí desvelos y hambre?,¡Pues claro!

Los sueños cuestan trabajo pero hay que procurarlos, intentarlo es mejor que no hacer nada.

Regresé entusiasmada, extrañé mi casa, a mi madre y abuela, pero aprendí que el trabajo siempre ha sido un gran aliado para descubrir cualidades, disipar dudas y además ganar dinero, lo cual me empezó a gustar porque además de pagar cuentas, podía ayudar a otros con pequeñas aportaciones.

No hay trabajo pequeño, solo hay desempeños pequeños, porque en todo trabajo tienes la oportunidad de crear tu propia marca, de sembrar y cosechar, de tener un aprendizaje y de dejar una huella de tu esencia por donde pases.

12. Comunicación

La comunicación es una de las mejores herramientas que tenemos para proyectar nuestros pensamientos, deseos, preguntas y respuestas a todo lo que hacemos y lo que nos rodea en la vida que tenemos.

Aprender a comunicar efectivamente y ser prácticos nos llevará a mejores oportunidades.

La comunicación es constante, la información que recibimos en cada momento de nuestro entorno, de nuestra herencia, de nuestros genes, de las vivencias, se va quedando en nuestro subconsciente, generando pensamientos, imágenes, creencias y conceptos que serán determinantes en nuestras decisiones de corto y largo plazo.

Nuestra actitud comunica positiva o negativamente, es el resultado de lo que estamos viviendo, pero sobre todo es la reacción a lo que estamos sintiendo, como procesamos lo que vivimos se convierte en actitudes, propias y aprendidas.

Repetimos acciones de otra gente porque nos contagian comportamientos y algunas veces cuando ya tenemos más conciencia de lo que somos y queremos, podemos elegir cambios de conducta, imitando algún patrón positivo.

¿Cómo podrías modificar tu actitud, para una comunicación más asertiva?

Lo primero que hay que aprender es a entender nuestras emociones, conocer y enfrentar las situaciones que estas viviendo.

Hay situaciones que enfrentamos que nos pueden hacer sentir sin control de nuestras acciones, por ejemplo, una perdida que nos trae cambios imprevistos en nuestra vida que no nos da margen de control y es entonces cuando tenemos que sacar la fortaleza de sobrevivir esos momentos.

Nuestra forma de ser comunica y podríamos tener una mejor actitud, aprendiendo de la comunicación asertiva. Cuando logramos comunicar positivamente, encontramos gran herramienta para lograr respuestas que nos pueden beneficiar.

Hay un dicho que dice, "en el pedir está el dar", muy cierto y simple, entender que la manera en que pedimos lo que queremos será entendido como un concepto y no solo como una exigencia o reclamo.

Habrá ocasiones en las cuales hay que exigir y reclamar, comunicar asertivamente comprende todas las áreas, tanto lo amable, político y justo. Mediar por el bienestar propio o ajeno hay que emplear las habilidades de comunicación más efectivas, comprendiendo que comunicamos, por medio de la palabra, de los ademanes, de la vestimenta, de lo visual, de lo tecnológico y del comportamiento.

Siempre estamos comunicando algo.

No hay excusas para no informarse

"El café es bueno porque tiene antioxidantes", dicen en el noticiero y después leo en una revista que "el café es pésimo para los riñones", y este es solo un ejemplo de la información y desinformación que tenemos que ir desenredando para tomar decisiones.

Hay que investigar, cuestionarlo todo, indagar, tener curiosidad, si realmente queremos tener una opinión propia.

A veces nos cerramos la puerta de la información porque nos abruma que pasa en el mundo, sentimos que es suficiente trabajo y preocupaciones las propias como para además cargar con las ajenas.

Tal vez un poco cierto por lo que tenemos que trabajar para nuestra propia conciencia y plan de vida. Si que es mucho trabajo pero no hay que cerrarse al mundo y todo lo que nos aporta, es imposible estar apartados de nuestro medio ambiente.

Es importante informarnos, compartir y analizar en qué situaciones estamos, que podemos hacer y sobre todo analizar nuestros propios intereses.

El acceso a la información cada día es más ágil, pero como todo, no hay perfección, en el exceso de datos, hay mucha paja, las noticias falsas, la mala información, plagas de datos sin bases, critica, filtra y ten tu propia opinión.

13. El perdón

Pedir perdón no es fácil y perdonar es todavía más complicado, pero nada es imposible.

Perdonar es un alivio para el alma, si puedes encontrar las fuerzas para perdonarte a ti mismo, primero habría que reconocer que el daño más grave que tenemos en el corazón, nos lo hemos causado nosotros mismos.

Permitiendo tal vez, o dejando que se queden los rencores, dándole importancia a situaciones, personas o circunstancias que pasan y que lastiman, perdidas y desilusiones.

Perdemos todos los días algo, un poco de vida, un mucho de tiempo, una ilusión, un ser querido, siempre estamos en una constante de pérdida, nos duele, nos llega a enojar y lo más difícil al aceptar es, perdonar.

Confrontarnos con nuestras perdidas es tener de frente lo que nos lastima, lo que añoramos, lo que nos hace falta, los vacíos que quedaron.

A veces prefieres estar enojado porque te da fuerza, porque no soportas la tristeza que debilita y si algo te sostiene le das oportunidad, aunque el rencor siga doliendo.

Te encuentras con personas que viven enojados con la vida, con mucho coraje de lo que se ha ido de sus vidas y aún no se dan cuenta que la mayor pérdida que tienen es aferrarse a ese dolor.

Queremos que nos perdonen, pero pocas veces estamos dispuestos a dejar pasar una ofensa.

También sabemos que a veces se simula el disculparse, hay quienes se hacen expertos en pedir perdón, pero la memoria se encarga de repetir las fallas una y otra vez.

Esos perdones falsos se descubren porque no van de la mano con los hechos, por eso hay que sanar lo propio y entender que no podemos controlar la sinceridad de los demás.

Perdónate y perdona con sinceridad, la culpa siempre es compartida, pero es mejor sanar el corazón para darle paso a lo mejor de la vida.

14. Meditación del estrés

El estrés es un enemigo que se manifiesta de muchas maneras, a todo se le puede echar la culpa que es por estrés porque nos puede revolver todo en nuestro sistema.

Se vuelve una forma normal instalada como costumbre y el cuerpo y la mente tolere altas cantidades de preocupaciones y ocupaciones . Nos quitan el sueño, provocando desvelos, mal humor, cansancio, y hasta mal nutrición.

Las malas costumbres terminan cobrando factura. Eso que comes hoy se refleja mañana, eso que disfrutas hoy, será tu recuerdo mañana, eso que te dicen hoy o que dices tú a alguien, será lo que escuche tu mente mañana, todo es consecuencia de actos previos.

El estrés causa alteraciones químicas que te puede modificar o alterar tu organismo, tu salud física y mental.

¿cómo sucede que nos estresamos?, ¿por qué no nos damos cuenta de cuánto nos afecta el estar estresados?

La respuesta es realmente sencilla, lo hacemos por costumbre, porque es "normal" o creemos que es inevitable estar estresados y hasta parece que lo procuramos, no sabemos manejar ni controlar nuestra agenda, nuestros horarios, además

¡no sabemos decir que ***NO*** *a la gente con sus peticiones!*

¡¡El estereotipo de la Superwoman o Superman! Es lo que parecen las personas que quieren complacer a todos y ayudar en todo, siempre tienen alguien que les pide favores, desde el jefe o jefa, que creen que el trabajo es de 24 horas, o los hijos, familiares y amigos, te pasa si siempre estás disponible.

El mundo va de prisa, mujeres y hombres tienen mucho estrés acumulado por las múltiples demandas que la sociedad y la vida nos pide a diario.

No solo es por cuestiones económicas, a lo cual le echamos la culpa de la mayoría de los problemas, pero son las exigencias propias y ajenas, la manera en que correspondemos a las exigencias que nos hacen los demás, lo que puede llegar a crearte un caos y desgastarte al máximo.

Y el desbalance empieza cuando permitimos y además lo procuramos que haya gente que solo espera que se les resuelva, analiza bien

¿cuál es tu punto de estrés?

¿eres de las personas que espera que te solucionen los demás? O

¿eres de las personas que quieren salvar a todo mundo?

Si no tienes un reglamento interno sobre tu persona, procura hacerlo, pregúntate,

¿Cómo te gusta que te traten?

Hay que emplear estas reglas para los límites que pondrás a los demás, tratando de ser lo más justo posible, trata a los demás como te gusta ser tratado y así se pone el ejemplo, pero también hay que comunicarlo.

No solo con la actitud y respeto, en ocasiones hay que decirlo, por ejemplo "para mi funciona mejor si me llamas por la tarde porque en la mañana no te puedo atender" aclarar lo que esperamos de cada persona o situación es mucho más práctico que asumir y esperanzarse de algo que no hemos concretado como compromiso mutuo.

Ser responsable, es ser libre, ser autosuficiente es la mejor manera de no pesarle a nadie ni dejar que nadie te haga peso en tu vida. Y si es el caso de que tienes la carga de otras personas, hay que entrenarlos para que se cuiden a sí mismos, lo mejor posible.

Te recuerdo que hay que procurar el balance y no caer en el perfeccionismo. Por ejemplo , nos puede encantar el orden pero no llegar la obsesión de que todo tiene que ir en su lugar . Los extremos también nos causan caos.

Por un corto tiempo en mi niñez, los aplausos y elogios que recibía constantemente me llenaban de un súper poder, aunque poco a poco empecé a percatarme que había muchas personas con las cuales tenía que competir para que mis logros realmente fueran increíbles y me elogiaran por ellos.

El sentido de competencia no es algo que yo, haya disfrutado de niña, las comparaciones siempre llevan desventajas, además que el enfrentarse al espejo y ver los defectos, no es nada agradable.

Siempre habrá alguien más inteligente que tú, o más torpe, o alguien más bello y alguien menos agraciado y así la lista interminable en las que las comparaciones serán siempre en términos medios porque no hay un absoluto ganador, entonces aprendí que la competencia solo debe ser interna, conmigo misma.

Lo ideal es educarnos a respetarnos, amarnos con nuestros defectos y virtudes, a moldear nuestra historia para seguir buscando nuestro bienestar y grata convivencia con los demás, a los cuales hay que regalarles de lo mucho que vamos logrando.

No estoy peleada con el reconocimiento, pero no es necesario como mi motor para seguir luchando por mis metas.

Fui aceptando que la perfección a la que yo quería llegar, no existía, pero era posible seguir avanzando, además que la aceptación de los logros tenía que ser apreciados por mí misma, no esperar la valoración de los demás, pocos conocen mis expectativas y lo que haga es solo mi esfuerzo, mis conocimientos y los desvelos siempre lo he hecho por mi propio impulso, sin que nadie, ni nada me obliga.

Para los que llegan a sufrir del perfeccionismo, hay un pensamiento pesimista y catastrófico que empieza a hacerse costumbre, "algo va a salir mal".

Cualquier cosa que perturbe o cambie el proceso que estes viviendo revísalo si realmente vale la pena estar agobiándonos por algo pasajero,

¿qué tan importante es para mí crecimiento?

Ponlo en la balanza, que siempre gane tu bienestar, si no te está fortalecido, no puedes avanzar, así que toma impulso, respira y vuelve a planear el siguiente punto de acción.

Alto al estrés...

¡Relájate! Es la primera propuesta que te van a decir cuando alguien siente que te estas alterando.

Cuando los nervios te hacen estallar y estás malhumorado, agobiado o demasiado prendido que ni tú mismo te aguantas, es una reacción peculiar del sistema nervioso que nos envía señales alteradas de impulsos que logran desestabilizar la normalidad en cualquier circunstancia.

Hay rutinas que cansan de vez en cuando, alteran la más mínima fibra de nuestro cuerpo y cuando esto sucede en un ámbito tranquilo y tú te sientes como si el corazón latiera más rápido, como si algo en tu cuerpo esta alterado es importante tener algunas estrategias de como liberar esa sensación, podrías estar teniendo un episodio de ansiedad.

Primero hay que reconocer las emociones, pregúntate, que es lo que sientes, analízalo, reflexiona, nombra tu emoción y síntomas, lo segundo que hay que hacer es identificar si hay algo que nos preocupa, el porqué, al identificar si hay un porque entonces se puede trabajar en una propuesta para responder a lo que nos está preocupando.

Si no logras identificar el porqué, puedes enfocarte en tu respiración y reflexionar en tus pensamientos quitando el pensamiento de los síntomas, dejamos de poner atención a los síntomas y nos enfocamos en la respiración, la música, el relajamiento visual, podrías cerrar los ojos para concentrarse en el pensamiento, procurando imágenes que sean gratas, pueden ser recuerdos o anhelos.

La música, el canto, la naturaleza, la playa, el caminar, todo lo que puedas hacer sin compañía tendrá un impacto mayor en tu progreso para después que encuentres la tranquilidad, busques la compañía, compartir con los demás, es algo ideal, próspero y hermoso cuando ya podemos escuchar y emitir pensamientos organizados.

Cuando hay todavía sensación de agobio, hay que buscar apoyo con personas de mucha confianza o ayuda profesional para evitar empeorar esa sensación y procurar fortalecerse emocionalmente, espiritualmente, mentalmente y transformar el pensamiento.

15. Fortaleza impresionante

Para fortalecerse hay que empezar por aceptar que estamos débiles, la práctica de una rutina de ejercicios se empieza de poco a poco, hasta que se logra sostener más peso, aguantar más tiempo caminando o corriendo, se va haciendo cada vez con más fuerza y determinación, pero hay que hacerlo de manera impresionante para obtener los mínimos resultados.

Se tiene miedo al cansancio tanto físico y mental y es una sensación que se interpone cuando deseamos obtener alguna meta, pero es preciso comprender que hay que enamorarse de nuestros objetivos.

Empiezas el proceso de cambio y planeas con objetivos, el primer paso ha sido recorrerte, conocerte, reconocer el amor interno y ser amable contigo mismo, ahora es momento demostrar todo esto en la acción. En el proceso de reacomodar ideas, pensamientos, hábitos y sanar heridas, estarás con la disponibilidad al cansancio y sobre todo a incomodarte, solo piensa que es temporal, los cambios no siempre se toman de una manera fácil y sencilla.

El cuerpo y la mente tienen muy buenos sensores para decirnos cuando hay que parar y descansar, pero para eso hay que poner atención y sobre todo poner a nuestra mente y cuerpo como prioridad.

Si algo te está molestando en la mente, apúntalo, checa si se puede solucionar, dale un momento a la lluvia de ideas, vacía las posibilidades, si no está en tus manos solucionarlo y sobre todo si no es tu problema, entonces suéltalo, no te desgastes en algo que no tendrá frutos, tu energía vale mucho y la tienes que lograr para tus propósitos.

Haz con pasión tu rutina y que también lleve momentos de placer. Del esfuerzo impresionante también tienes que darte recompensas, sin abusar por supuesto, en ninguno de los opuestos.

El placer es una sobrecarga de energía positiva para las personas. Deléitate con mesura pero aprende a gozar de las pequeñas cosas pero significativas acciones de tu día y encontrarás en tu rutina mucho que agradecer.

El simple hecho de respirar profundamente, es uno de los placeres exquisitos de la vida y lo damos por vano, al igual que disfrutar de un vaso con agua o ver las hojas de un árbol moverse, o por ejemplo observar de la ingenuidad de una mascota y su fascinante vida.

Hay muchas cosas que a veces no disfrutamos porque no le damos la relevancia que tienen pero que son un verdadero gozo en la vida.

Todo tiene su tiempo y puedes gozar en un día de muchos momentos, la vida es así, solo son momentos, entender que también se puede gozar del camino angosto, del clima impredecible y de las dificultades de la vida, todo tiene solución y hay que planear esos momentos de placer y disfrutarlos al máximo.

Con ese balance que es necesario para tener los mejores resultados, que son el orden, la organización, la responsabilidad y el respeto con uno mismo y con los demás.

El desarrollo personal es un trabajo que lleva tiempo, tal vez toda la vida pero que es determinante al momento en que queremos cambiar, reestructurar, rediseñar, acomodar nuestra vida, nuestros pensamientos, la mente y el cuerpo.

Hay que vernos al interior y descubrir esa rica historia de quién eres, como eres, porque eres así y como te visualizas tú, y como quieres que te vean los demás, para llegar al punto en quien quieres ser.

Le damos nuestro tiempo e importancia a muchas otras áreas, a la escuela, el trabajo, la cultura, la sociedad, la familia y poco nos centramos en tomar el momento de descubrir quién vive en ti.

Amate, gózate y disfruta de la vida que es hermosa, pero saca el mejor provecho, cambiando lo que tienes que cambiar y sobre todo con hechos, ¡con acción!

La vida es una fiesta, vístete de alegría y goza cada instante. Diseña tu vida, arma tu personalidad y empieza a vivir como quiera que sea que quieres vivir, empieza a practicar para que te hagas un experto, **¡en vivir tu vida!**

En esta sección elabore un espacio para complementar algunas técnicas que podemos utilizar en lo básico del desarrollo personal. Lo primero que tenemos que adquirir es un diario o cuaderno para ir haciendo anotaciones.

Hay que hacer análisis y para eso se necesita la información que se va recaudando de la historia que tienes, de lo que estes viviendo actualmente y de lo que quieres en el futuro.

Todo se tiene que clasificar.

El pasado es la historia que ya tienes, el presente es el resultado de las acciones pasadas y el futuro es la consecuencia de lo que hoy estás haciendo, así que todo importa.

Escribe con toda honestidad sobre tus emociones. Lo que te importa, y lo que te molesta de tu vida, de tus actos.

Recuerda que es de tí, tú eres el protagonista de esta historia, ya aprendimos que no es la historia de alguien más, es tu vida, tu problema y quién importa eres tú.

Escribe, tomate 15 minutos al día para reunir información. En tu cuaderno o diario empieza a contestar estas preguntas para que organices mejor las ideas y planes que vienen a tu mente.

¿Qué me preocupa?

Despliega dudas de que es lo que realmente puede estar perturbando tus pensamientos.
Los factores que nos preocupan suelen ser miedos que tenemos.

El miedo es un sensor importante que nos ayuda a estar alertas cuando esta bien aplicado como herramienta pero cuando esta en desorden crea un caos interno y esto lleva a que pensamientos exagerados de temores que descontrolan tu mente y sistema nervioso, de ahí se pueden derivar los problemas mas fuertes de ansiedad y depresión.

Porque las preocupaciones suelen ser pensamientos constantes que aparecen en la mente de una forma que generan insomnio, malos hábitos de alimentación o hasta adicciones.

Saber que nos preocupa de una forma extensiva nos dará un buen mapa mental de que es lo que detona sistemáticamente en nuestro ser cuando de esas situaciones o cuestiones se desacomodan en nuestra vida.

¿puedo confiar en los demás?

Esta pregunta es muy importante porque te muestra si realmente estas creyendo en ti principalmente, a veces queremos confiar o buscar apoyo rápidamente en otros pero nos percatamos que no tenemos esa confianza porque nos han juzgado duramente o nos hemos dado cuenta que las personas que les dejamos nuestros problemas, no les interesa o no los guardan y resulta contraproducente.

Cuando haces este análisis logras percatarte que hay que confiar primero en uno mismo, y teniendo un buen sentido de tu personalidad puedes tal vez avanzar más rápido si pides apoyo profesional o seguir impulsándote tu mismo, a tu medida y a tus posibilidades. Pero teniendo en cuenta lo importante que es la confianza.

Ahora esta lo contrario que también hay que aprender a reconocer...

¿pueden los demás confiar en mí?

Esto es un poco duro de reconocer, pero si empiezas por entender que lo que eres se refleja y tiene consecuencias, la forma en que tratas a los demás también seguirá su curso en darte las mismas respuestas. Si mientes para conseguir lo que quieres, si eres deshonesto en lo que estas haciendo, aún cuando creas que no se nota, todo sale tarde o temprano a cobrar factura.

Recuerda que lo importante es reconocer, no es porque te tengas que juzgar duramente y no es para señalar defectos y errores para sentirnos mal sino al contrario para enfrentarnos a la realidad, que resultados estamos obteniendo con nuestras acciones y que tanto nos benefician realmente.

Siempre la verdad, honestidad, y distancia de la maldad, traerá mejores resultados a nuestra vida, cuando se busca la paz, se encuentra, porque todos sabemos la receta solo que no todos la queremos hacer que suceda. La acción es de suma importancia.

¿Cuándo empiezo algo, lo termino?

Esta es una característica que puede decir mucho de tu personalidad, pero si también el descubrir que no terminas las cosas puede ser una gran ayuda para tener como objetivo, empezar a organizarte para concluir lo que inicias.

Uno de los principales propósitos de ir a la escuela es precisamente aprender a empezar algo y terminarlo por eso se reconoce a quien concluye el curso escolar y se le da un diploma. Ese es uno de los principales objetivos porque es una hazaña de disciplina, compromiso y dedicación, lo que lleva a una persona a concluir sus estudios, algo que empezó y terminó.

Toda labor es importante darle ese nivel de compromiso, empezar un proyecto y concluirlo.

Tu mejor proyecto eres tú, el desarrollo personal es el mejor proyecto que puedes iniciar, si sientes que no avanzas y que todo te parece igual, entonces quiere decir que hay que organizar bien la información que ya tienes de ti. Hacer un buen proyecto lleva tiempo, hay que reunir mucha información y después irla acomodando, asimilando, de todo se aprende algo y lo mejor hay que festejar cuando algo se siente bien, cada que concluyas un pasito, así sea poco el avance hay que disfrutarlo, es un nuevo escalón que se subió en esta escalera del éxito personal.

¿Qué te hace sentir triste?

Cuando nos agobia la tristeza se asoma el llanto, esta la nostalgia de la pérdida o de los recuerdos, hay muchas razones que nos pueden poner tristes, nostálgicos, desganados, sin animo de continuar.

Hay que alertarnos de que no sea alguna situación de salud física porque también pueden ser cambios que nos hacen propensos a bajar el ánimo, además cuando se está triste a veces se modifican los hábitos, no se come conscientemente, o se abusa de la comida o se limita.

Entonces vienen problemas de salud que pocas veces lo relacionamos con la tristeza, porque tenemos la idea que la salud física es independiente de la salud mental cuando tienen un gran vinculo, hay que analizar bien si estamos procurando los buenos hábitos de comida, de descanso y de actividad para tener un cuerpo sano.

Haciendo este análisis es mucho más fácil lograr un buen resultado en ayudarse a uno mismo para no caer de la tristeza en una depresión clínica, el análisis es una excelente herramienta para lograr conocer las causas y saber si hay algo que resuelve o no la situación que te está entristeciendo.

¿Qué te hace sentir con enojo?

El enojo también se vuelve adictivo, muchas personas prefieren enojarse porque le brinda un aditivo a su mente, a su cuerpo, los vuelve mas activos y se sienten con mas fuerza, pero lo que no están atendiendo es que esos enojos constantes provocan también una cadena de reacciones físicas y emocionales.

Además de que las personas que conviven con los que se enojan constantemente también sufren de un estrés por la constante batalla de emociones.

Realiza una buena inspección de que te resulta frustrante,

¿qué es lo que te hace enojar con facilidad?, ¿porque no controlas esos momentos de irá?,

cuando se puede definir lo que provoca esto es muy enriquecedor porque podrías enfrentarte a soluciones para disminuir la irá que te hace sentir algo que posiblemente esta fuera de tu poder y control.

Recuerda que solo puedes controlar lo tuyo, en los demás puedes influir, pero no tienes un control absoluto.

¿Qué tanto te gusta discutir o pelear? O quejarte

Hay quienes tienen una afición por la discusión, puede ser algo aprendido en la familia, con los amigos, como una manera de llamar la atención y participar activamente de las conversaciones, puede ser atractivo cuando se maneja un tema para discutir, no para pelear.

Las quejas son otra manera de sacar las frustraciones, pero hay quienes lo hacen por deporte, tienen una facilidad para reconocer errores que hasta les da satisfacción, señalar lo que no está bien. Tener un balance es lo ideal, aprender a señalar lo negativo, pero también lo positivo para poder crear un ambiente equilibrado.

Podríamos reconocer si en algún momento recurrimos a esto como forma de vida, porque si estas haciendo estas acciones, puede ser que tu estrés este elevado.

Si convives con personas que son muy dadas a este tipo de situaciones también te pueden estar contagiando de ese estrés, y puedes terminar como una persona drenada de energía después de vivir episodios de mucha tensión.

¿Siento que no avanzo en mi trabajo?

Desarrollarse en el área de trabajo es parte importante de tu desarrollo personal, busca las respuestas a como estas funcionando, si hay forma de seguir avanzando o mejorando en lo que haces.

¿No puedo dormir bien?

Busca las causas si estás teniendo noches sin dormir, la recuperación de energía es de suma importancia, cuando entendemos las causas es mas eficiente buscar las soluciones.

¿Tengo dolores en el cuerpo y físicamente no tengo ninguna enfermedad?

Entonces sabemos que no es físico aunque duela físicamente, estas agobiado, agotado o estresado, detente un poco y agarra impulso con un plan estratégico para tus soluciones.

Estas son pocas de las muchas preguntas que hay que ir contestando para conocerse bien, reconocer los motivos, buscar mejores caminos y soluciones, tu tienes la mejor oportunidad de controlar tu paso, tu cambio y crecimiento personal.

Cuando vamos respondiendo estas preguntas, nos va dejando información que teníamos guardada, algunas veces en nuestro subconsciente, otras veces puede ser que lo que traes muy presente porque es un tema actual pero hay que entender que somos una historia.

Cada aspecto de nuestra vida cuenta y es parte de esa experiencia de vida que tienes, la intención de enfrentar lo que somos, pero con el objetivo de poder traer lo mejor que quieres ser.

Acomodar, asimilar y recopilar lo que hemos aprendido para nuestro propio bienestar, cuando empiezas por ti mismo, podrás regalar mejores momentos para los demás porque tu sanidad se comparte.

No te sientas egoísta si tienes que tomar un tiempo a solas para tí, no es solo que te lo mereces si no que realmente también será de beneficio para los que te rodean.

También te advierto que en ese proceso habrá quienes no toleran los cambios positivos, espero que para entonces ya puedas reconocer que lo más importante es reforzar tu vida en positivo y lograr tu bienestar, todo va tomando un acomodo, pero lleva tiempo y constancia.

Epílogo

Mientras reviso el final de este libro, analizo también mi propia historia actual, esto es una pequeña aportación, un granito de arena, compartir contigo un poco de la experiencia que en mi propia búsqueda de la felicidad tuve que recorrer.

El camino para llegar a conocerse es interminable. Lo voy disfrutando y además me agrada aportar algo y ver resultados en otras personas. Aprendí a emprender por mi propio impulso y a escuchar mis deseos, disfruto elegir diferentes áreas de aprendizaje y recorrer diferentes experiencias.

El ser autosuficiente, independiente o tener la iniciativa propia para lograr objetivos no siempre es lo más fácil, pero si es lo que lleva a la verdadera realización.

Persigue tus sueños con pasión, con entrega y motivate a ti mismo a cambiar tu vida, saca toda tu energía para usarla en una aventura única, ¡¡para tí mismo!!

Este viaje que se llama vida es según la quieras vivir, ponle la esencia que tú quieras.

Yo busco cada día un motivo para sentirme plena, he practicado esto muchos días y me resulta fabuloso, pero no permito que se me vaya el día o una semana sin sentarme a escribir mis planes, mis objetivos y metas que pienso lograr.

Por supuesto que también conozco la frustración cuando por causa de distracciones, tiempo, apoyo o gastos, no logro concretar lo que he deseado, pero si hay que cambiar la meta, o las circunstancias lo hago.

El compromiso con uno mismo debe ir primero para poder tener suficiente para regalar a los demás.

Enamórate de tu vida, apasiónate de tus metas y si hay que cambiar algo, ¡hazlo!

¡Amate y vive por tu bienestar!

Acepto con mucho entusiasmo, los saludos, comentarios y experiencias que tengas para compartirme, mi correo es **deiterman.united@gmail.com**.

Made in the USA
Middletown, DE
29 October 2023